당신이 참 좋다

김철호 시집
당신이 참 좋다

2018년 7월 16일 제1판 제1쇄 발행

지은이	김철호
펴낸이	강봉구

펴낸곳	책만소
등록번호	제406-2013-000081호
주소	10880 경기도 파주시 신촌로 21-30(신촌동)
전화	070-4067-8560
팩스	0505-499-8560
홈페이지	http://blog.naver.com/bookmanso
이메일	bookmanso@naver.com

ⓒ 김철호

ISBN 979-11-6035-045-6 03810
값은 뒤표지에 있습니다.

※이 책은 저작권법에 따라 보호받는 저작물이므로 무단 전재와 무단 복제를 금합니다.
※이 책의 전부 또는 일부를 이용하려면 반드시 저작권자와 '작은숲출판사'의 동의를 받아야 합니다.

김
철
호
시
집

책갈소

| 차례 |

008 시인의 말

010 저무는 그 날
012 그리움 되어
013 아름다운 사람으로
014 살그래 행복
015 당신이 참 좋다
016 하늘바래기
017 기도하는 마음으로
018 작은 꽃잎되어
019 나 그대 위하여 노래 부르리
020 그대 떠나가도
021 옥녀봉 오르면서
022 어머니의 하루
023 그때 그 아이들

024 가을
025 대관령 햇빛 퍼지는 오후
026 강아지의 연가(戀歌)
027 누워서 하늘을 바라보는
028 강가에
029 빈방
030 가을이 오면
031 이별
032 행복한 망설임
033 어린 길을 거닐고 싶습니다.
034 고향길
035 꽃무늬처럼 피어나는
036 그리움
037 가마우지의 슬픔
038 해당화
039 놀뫼 가는 길목에서
040 공허(空虛)
041 시지프스의 굴레 길에
042 돼지감자처럼
043 어머니의 사랑땜
044 꽃눈개비처럼
046 흰소리
047 새벽

048	장태산 길목
050	술타령
051	엎드려 녹이는 세월
052	향수
054	비나리
056	멍청한 귓것
058	꾸미지 않은 사람살이
059	김장하는 날
059	저무는 겨울강에 서서
062	숨비소리 내며
063	살다보니
064	그때 그 시절
065	후회
066	그니의 너머
067	야시장
068	당신을 사랑합니다.
070	신새벽의 여유
071	할머니의 뒷방
072	링거에 살아가는
073	먹으야지
074	아기의 낮잠
075	제 생긴 그대로 살다보면

076   산다는 것
077   사랑은 마음으로
078   예쁜 것은 아무나 되는 것이 아니다.
079   시든 꽃
080   북망산 가는 길
081   늑대같이 살다가
082   헛발질
083   어메의 소풍길
084   나는 늙은이입니다.

086   **해설** | 하늘 바래기, 그 늦깎이 시인

| 시인의 말 |

초로에 입(入)하면서,
창 너머 파아란 하늘을 보았다. 누군가 인생을 길 따라 영혼이 걸어가는 나이라고 했던가. 낙엽처럼 쌓인 삶을 이야기하고 서서히 혼자 서 있는 공허로움, 가슴을 느끼게 하는 길목에 접어든 인생을 다시 되돌아보면서 하얀 도화지 위에 마음을 그려보았다.

오랫동안 뚜껑을 열지 않았고 뚜껑을 열고서도 한동안 망설였다. 오랜 기다림에 싱그러운 산내음 맡으며 한 세월 저무는 날, 이제 내 분신이 이 세상에 첫 얼굴을 내밀어 본다.

요즘 하얀 서리가 조금씩 쌓이면서 땅이 그리워지고 흙을 밝고 싶은 충동을 느낀다. 유년시절 아스라이 떠오르는 그리움이 한 장의 빛바랜 추억 사진처럼 지나간다. 지나온 시간들, 가슴 속 깊이 쌓이게 하는 일들이 어제처럼 아련히 떠오른다.

젊음에 서성거리는 날들이 순간이었다. 잊어진 꿈을, 나의 소소한 이야기를 그대와 함께 머물고 싶고, 또한 이 글이 벗들에게 따뜻한 보리차 한 잔 되어 함께 마음을 녹이고 싶다.

2018년 봄날
김철호

저무는 그 날

눈 내리는 날
초가집 주막에서 서성거리던
어제처럼 아련히

황혼길
그 슬픈 마음으로
익어가는 날들

거칠었던 반백머리
비바람 치는 모진 세월도
찰나의 시간이었습니다

오랜 기다림에
싱그러운 산내음 맡으며
영혼을 함께 한

잠시 스쳐갔던 사랑도
떠나보낸 사람도
낱낱이 소중한 시간이었습니다

한 세월(歲月) 저무는 그 날
문 밖에 서서

그대를 사랑하고 싶습니다

그리움 되어

희미해진
새벽 빗질하는 손짓도
아스라이 떠오르는 사랑도
스잔한 바람되어 스쳐갑니다

그리운 사람과 함께 해 온
한 장의 사진
함께 있음이 좋았습니다

좋아했던 사람도
싫어했던 사람도
파편맞은 향수처럼
하얀 도화지 위에
그리움 되어
날아갑니다

아름다운 사람으로

눈 뜨면
생각나는

수많은
작은 슬픔들
가시꽃 되어
물안개처럼
살며시

이
또한
세월이 흐르면
지나가지만

진실로

난
당신이
행복하게 살기를 바랍니다

오래도록
아름다운 사람으로

살그래 행복

하얀 겨울이 되면

그리운 이
흩날리는 눈보라에 둘러 앉아
잔설(殘雪)처럼
부드러운 사람살이 이야기
눈꽃에 취해
하루가 지나갑니다

그보다
살그머니

당신에게 취해
한참동안
나는 행복합니다

당신이 참 좋다

꽃이 지고 있습니다
오는 길은 손 닿을 듯 가까운데
가는 길은 구름처럼

엊그제 환한 님의 미소
지금은 무거운 발걸음으로
다가와

손때 묻은 님의 옷깃

꽃바람 타고
파도되어 달아나고 있습니다

그립습니다.
참
좋은
당신의 웃음소리가

하늘바래기

사랑받는 사람보다
사랑을 주는
화난 얼굴보다
환한 미소로 반겨주는
돌처럼 굳게 다문 입술보다
이야기 꽃피우는 그런 사람이

가진 것 없지만 속임이 없고
부족하지만
남을 울리지 않는
그런 사람이

나보다 남을 생각하고
작은 생명을 사랑하는
화려하지 않지만 꾸미지 않은
아름다운 마음을 가진 그런 사람이

있는 그대로 사랑해주며
지금 이 순간 사랑해 주며
소박한 행복 만들어 가는
그런 사람을 사랑하고 싶다

기도하는 마음으로

새벽마다
기도하는 마음으로
불을 밝힙니다

어둠은 녹아
창 틈 사이로

흔들려

뒤돌아보면
아무도 없는
그리움

언젠가
꽃비가 내리면
그대와 함께
그 길
따라가고 싶다

작은 꽃잎되어

풀잎따라
내 삶의 여정
가물가물

하지만
미련으로
아쉬움으로
가시꽃 되어

오늘도
안개 숲 거닐며
망설입니다
속삭입니다

산다는 것은
힘들지만 아름답다고
그리고
살만하다고

나 그대 위하여 노래 부르리

그대 위하여
내 작은 미소로
그대 꽃모습 길
노래 부르리

그늘 속
살며시 내민
내가 그리워하는
내가 사랑하는
내가 그대 위하여 부르는 노래
나 기억해 달라고

아주 조금이라도

그대 떠나가도

　소리 나지 않는다고 침묵하는 것은 아닙니다 보이지 않는다고 없는 것은 아닙니다 그대를 사랑하는 그대를 그리워하는 그래서, 간절히 한번쯤 그대를 생각하는 수레바퀴처럼 같은 눈빛으로 같은 몸짓으로 한번쯤 그대를 바라보는 내 삶이 가끔씩 그대를 바라보고 한번쯤 그대를 생각하는 그대 떠나가도 우리 사랑이 끝나지 않듯 사랑의 끝은 이별이 아니기 때문입니다

옥녀봉 오르면서

옹달샘
새 한 마리 달아나
청설모 장난한다

나무 숲 사이로
파아란 하늘
밤송이 떨어지는 소리
가을이 익어가는

꾸욱 꾸욱
깊어가는 전령시
임 그리워 찾아 슬피
발걸음 재촉한다

어머니의 하루

해질 녘
울타리 사이로 옛이야기
마당 한가운데 웃음꽃 피어난다

아뢰오를 아니오로 말했던 그 놈이
공차기에 신이 났던 운동장이
연탄불 아래 해 가는 줄 모르고
닳아버린 손톱 안고
주름살 깊어가네

오늘도
재 넘어 유학길 나선 그 놈을
문 밖에 서성이면서
하얀 밤 지새웁니다

그때 그 아이들

 양지 바른 봄의 향기 돋아 햇빛이 내려 쬐이는 그 날 장항행 비둘기 열차 다시 비포장 도로 목적지에 도착 개나리꽃 향기 콧날 스치는 봄 미선이, 유화 그리고 은주 때묻지 않은 소녀들 하얀 미소를 만났습니다 반짝이는 눈망울 내일에 대한 희망을 바라면서 나무 그늘 아래에서 작은 마을 만들던 사연들 그늘진 구석에서 나보다는 남을 먼저 생각하는 그때 그 아이들이 그립습니다

가을

바람이 머물다간 언덕
물안개 안고

소박한 사랑 받으며 물든
한가로운 햇살

초라한 슬픔
외로이
파편처럼
옛 사랑 기억하고
진한 커피 한잔에 묻던

나그네 뒷모습
이슬에 잠겨
베냇짓 잠들어 간다

대관령 햇빛 퍼지는 오후

대관령 양떼 목장 위에
모여진 구름

빗으로
쪽빛 하늘 모아
주름펴 듯
꿈을 담는다

푸른 들판 아래
산들바람

파아란 양철지붕에
아기 양 잠 들고
굴뚝 위에 하얀 연기
피어오른다

햇빛 퍼지는 오후
바람도 스르르 잠이 든다

강아지의 연가戀歌

창 너머
가을이 오면
떠오르는

벽걸이 사진 한 장
짙은 그리움
몸부림 쳐 봐도
짓누른 어깨
비구름이

저 너머
가만히
춤 추는

바람도
애틋한 기억도
잠이 들었습니다

그래도
가끔
그때
그 모습이 생각난다

누워서 하늘을 바라보는

혼자 하늘을 바라보는 것보다
함께 서서 하늘 보는 것이 아름답습니다

함께 서서 하늘을 바라보는 것보다
다 함께 누워서 망망 하늘
울면서 보는 것이 더 아름답습니다

오랜 어둠속에서 새벽이 오듯이
땅 속 깊이 뿌리박은 미움도
멀리보면 아름답습니다
사랑이 너무 깊으면
미움이 생길 수 있기 때문입니다

조금은 멀리
조금은 여유롭게, 그렇게
우리 인생도 아름답게 보일 것입니다
힘이 들 때
한번 우리 인생길 되돌아 보는 여유
아름다울 수 있도록

강가에

가도
가도
보이지 않는

깊은 시름 다 씻어 내고
도도히 흘러갑니다.
이무기의 한 맺힌 이야기도
못 이룬 슬픈 사랑 이야기도
가슴 깊이 묻어 두고
그저 흘러갑니다

조용한
강가에

우리에게
외면 당해버린
하얀 밤
내려오고 있습니다

빈 방

방에
아무도 없다

창가에
거미 한마리
줄타기 하고

냉장고
한 쪽 구석
쪼구려 앉아
힘없이

엿장수 엿치는 소리
유리창 밖 아이들 소리
잃어버린 옛 그림자

자는 둥 마는 둥
하얀 머리
무거워집니다

가을이 오면

산새 한 마리
하늘 날고

아기 바람
꽃길 따라
나뭇잎 한 장
산책 한다

흐르는 강물
환한 미소 띄워

정적(靜寂) 맴도는
깊은 산골
밤이 깊어간다

이별

그가 좋았습니다
그는 울고 있었습니다
푸른 하늘이 그립다고

그를 사랑했습니다
그러나 그는 뒤돌아 가고 없습니다
모든 것 부질없다고

저 편 둥지에 몸을 기대어 봅니다

이젠 아무도 바라볼 수 없습니다
그는
하얀 이빨 사이로 웃었습니다

마른 입술 사이로
별들이 떨어졌습니다
새벽을 기다리면서

행복한 망설임

하늘 열리는 날
숲속의 작은 음악회
꿈과 희망을 띄우고

감미로운 소리
내 영혼의 안식

섬세한 손끝
플롯의 편안한
아기의 심장 소리를
가냘픈 바이올린
싱그러운 바람을 타던

작은 설레임에서
마음의 꽃자리
넘치는 따뜻한 마음
여우비처럼
살포시 내려오는 10월

이런 길을 거닐고 싶습니다

가끔은
한가로이 흘러가는 강물이
아름다워 보입니다

밤새도록
불빛 녹아드는 밤
정지된 듯 희미하게 퍼진 안개가
햇살 가득 눈부신 아침보다
더 아름다운

잃어버린 우리의 마음을
조금은 느리고
때로는 여유롭게
우리의 마음을 화장하면서
이런 길을 거닐고 싶습니다

고향길

흔들리는 오후
창 너머
파아란 하늘

저녁연기 자욱한 부용골 떠나
고목에 달 잡아
걸어놓고

주위에 신기가 감돌아
정화수 복빌던
동구밖 언덕 뛰돌던
그 길

소박한 마음
허공에 띄우고
아련한 꽃모습 달려간다

꽃무늬처럼 피어나는

땅거미 내리는
밤거리
꽃무늬처럼 피어나는

곪아 버린 응어리 안고
고향길 넘어

어머니 품속 같은
작은 옹달샘
어항 놓고 뜸 들이고
햇살따라 중만된 그 곳

빈 가슴 움켜잡고
을씨년스러운 느티나무 숲
촉촉이 적시며

그리움

둑길 언저리
피어오르는 연기

빛바랜 사진 한 장
흔들거리는 나뭇잎

아침바람 타고 들려오는
그리움 파도되어
바람처럼 흩어지고

유리창 너머 담쟁이 넝쿨
수척해진 임의 얼굴
아련한 기억으로

아스팔트 위로
말없이
사랑이 지고

가마우지의 슬픔

모가지 타들어가는 아픔
꽃잎처럼 내려

거대한 숲
회색의 아파트 마을
사람의 물결로
하품하고

벽과 벽으로
꿈과 사랑
저 깊은 강물에

언젠가
우리 마음을 흐려놓은 것들
모두 걷어 버리고
설익지 않은 기다림으로
천천히

해당화

해거름 길
동방삭 목욕하고
술잔을 들었다

이상은 크게
사랑은 깊게
서로 오고 가는 이야기에
넘치는 밤
웃음꽃 피어 나고

춤을 추듯
머리 숙여
노래를 불렀다

해가 질수록
당당하고
화려하게 살면서

미인의 잠결처럼
밤이 깊어간다

놀뫼 가는 어귀에서

아침 햇살
다소곳이

고독한 가로등 불빛 아래
숨박꼭질 하듯
빈 가슴만
그리워하며
가날픈 설움 움켜잡는다

포근한 속삭임처럼
깊은 시름 쏟으며
물들어 가는 들녘

한 폭의 그림이 되어
작은 마음 설레게 하는
깊은 가을

공허 空虛

희미하게 사라져가는
허수아비 가슴
피어나는 그리움

애달픈 상사화처럼
오늘따라 간절한 마음으로
생각이 난다
바라보아도
바라보아도
사랑스럽고 다정한 미소

불러보아도
불러보아도
마르지 않는 샘물

그리운 마음
허허롭다

시지프스의 굴레 길에

찌그러진 공간
끈끈하게 짓눌러오는
시지프스의 굴레

오가는 걸음 힘겨워
작은 울타리 친다

그래도
아릿하게 넘어오는
어린 시절 웃음 띤 기억
물안개 살며시

살찐 마음만
보듬이
녹아 내린다

돼지감자처럼

칠갑산
바람 몰아
농부의 주름살 이마
가을빛 물들이고
땀방울 송알송알
밤새워 달랜 나무

가슴 열고
사랑을 줍는다

흙향기 피어오르는
구수한 냄새
방안에 스며들어
도란도란

올곧게 자란 돼지감자
주인 닮아
통통하다

어머니의 사랑땜

꽃잎맹이 놈
빈 그늘 어둠 깎아
강대나무처럼 물내리고
스잔한 하루 거품 내뿜으며
서그럭거린다

보고 싶다

산다는 것도 잠시
죽는 것도 건들바람 틈 다가와
꽃구리 지나치고

애타는
어머니의 사슴앓이
물동그라미처럼
하롱하롱
사랑땜에
눈물이 난다

꽃눈개비처럼

골개물
굽이굽이
물줄기 올라
가루비 내려
사랑 주고

길 마중 나온 그니
따라오라고
함께 가자고

구름발치
그 여인
꽃눈개비처럼
가만한 바람
너울춤 짓고

어제

작은 만남
도래샘되어
길게
흘러가고 있습니다

말없이
다솜처럼

흰소리

하지 마
할께요

하지 마라
한다고요

하지 말라고 했지
한다고 했잖아요

끝까지
한다고 했는데

왜
못하게 하지요

철들고 싶은데

새벽

어둠속
하얗게 야윈 볼
울먹입니다

비틀비틀 목매인 삶
누워있는 비계덩어리
시계처럼

꺼억-
꺼억-
오물을 토해낸다
늘어진 목구멍
핏방울 맺히고

문지방 찬 바람소리

장태산 길목

장태산 길목
농부의 땀 내리는
검게 그을린 웃음
가슴에 가득 넣고
속이 알찬 배추
자루에 담는다

김장철
재래시장
아낙네들
길게
목청 높이고

낡은
초가지붕 한 쪽에
시래기 일렬종대
흔들흔들

군고구마 익는
늦가을도

잠시

숨을 멈춘다

술타령

눈 내리는 날
술이 익는다

두둥실 어깨춤
손에 손 잡고
웃음 띤 얼굴 붉다

고암리 2길
사뿐히
재 넘어 간다

엎드려 녹이는 세월

겨울나무 끝자락
모질게 매달린
그대에게 말없이 떠나갈 때

저무는
길목에서
가볍게

한동안
목곧은 아이
엎드려 녹이는 세월 사이
사들사들

속으로
움켜진 주머니 내려
걸어간다

향수

툇마루에 누워 별 보던 날
반딧불 도깨비 날아간다

가물거리는 옛 도시
어둔 골목길
촛불 하나
세월은 말없이

얼음배 끄는 소리
연 날리고
다슬기 잡고
딱지치고 구슬 치고
담배나무 지팡이 칼싸움 소리
매미, 잠자리, 사슴벌레 잡고
참외, 수박 서리하고
깡통 차는 소리
꽃그늘 뒤에 다가옵니다.

가로수마다
감 익는 마을

두둥실

두둥실
조각배가 되어

비나리

미친듯이
치밀어 오르는 그날
취한 못난둥이 그를

저 끝 움켜진 응어리
삭이지 못해
어둠을 향하여 토하는 가냘픈 사람

어제
그가 사랑하는 사람이
이유도 없이 떠났습니다

슬픈 눈을 가진 아이 남기고
말도 없이 가버렸습니다

가슴 멍에 들어
울어보아도
보고 싶어도
찾을 수 없는

허기진 바람 쓸어
사랑만 남기고

홀로

보이지 않은
나의 사람
나의 사랑이
그를 버리고 떠났습니다

멍청이 귓것

때 지나면
아무것도 아닌 것이
아버지의 장롱 속 훈장처럼
너는 무엇을 원하는가

타는 욕망으로
돌아서면 아무것도 없는 것이
무엇을 바라는가 너는

아니면
남을 위한 작은 사랑과 마음을
남을 조금이라도 이해하려는 마음을
단 한번이라도 생각한 적이 있는가 너는

보다 더 순수한
보다 더 멀리 보는 용기를 가슴에 안고
단 하루만이라도
남을 위해 조금이라도
살아보는 것도
괜찮지 않은가

살다가

생각나는 사람
한 명쯤 있는 것도 행복이 아닌가

꾸미지 않은 사람살이

치밀어 오르는
있는 그대로
보인다고 보이는 것이 아닌
보여주기 위한
은은한 미소가

구석진 방에
해서는 안 될
송곳눈 뜨고
어둠을 난도질했다

허기진
슬픈 짐승
빈 가슴 던져놓고
어린 눈물을 삼킨다

신새벽마다
정화수 떠다놓고
간절히 바라는 어머니의 손길이
그리워지는

김장하는 날

마당 한가운데
달구어진 장작불
석화 향기에 취해
김장하는 아낙네들
일손 놓는다

둑방에선
꼬마아이들
연 날리며
웃음 꽃 핀다

저무는 겨울강에 서서

어둠이 깊어갈수록
지혜롭지 못하고
자부심보다 자만심에 빠져
편견과 독단에 목을 맨 채 보지 못한

알아주기를 바라는 마음이
배려해 주기를 바라는 마음이

분노로 지새웠던 세월
이해해 주기를 바라는 마음으로
용서해 주기를 바라는 마음으로
모든 것을 정당화하려고 했던
지난날을

내가 먼저 다가가 손을 내밀고
내가 먼저 그들의 등 두들기는 사람이 되어야
나의 마음이 산다는 것 늦게나마 알았습니다

저무는 이순(耳順) 겨울강에 서서
웅크리는 마음이 열리고
가들거리는 모습이 변화되고

모든 이의 사랑이 아름답게 보이는
어둠이 다가기 전에 이 모든 것들이
한 줌의 햇살처럼
서서히 다가오고 있습니다 서서히

숨비소리 내며

마른 날
고집불통

언젠가
나와 바람 되어
나와 눈꽃 되어
사라지고

그때
그리운 이
만나러

어느새 밤이 지나고
사는 건
하나의 과정이라고

숨비소리 지던 날
그리운 이 꽃무리 매고
너울춤 추리

아리 아리 아라리
흘러간다

살다보니

안방에
누운
못생긴 놈

허구헌 날 술 마시느라
바쁜 날

팥죽 사러 재래시장
이곳 저곳 달려간다

수레바퀴
흔들흔들
어린 세월 넘어가네

그때 그 시절

그 날
눈이 오면
만나기로 약속했던
그 아이가 생각난다

병이 나
입술 부르트고

엄마 등 놓고
바람이 불고

내가 싫어하는
그건 아니라고

아이고
그래도
빈배 띄워

아우성 쳐
나도 해 봐야지

후회

늘그막
꽃을 알았습니다

수레를 끌고
한 걸음 한걸음

하얀 머리
등에 지고
댓두러기처럼
고함을 지르며

가장자리
빙빙 돌아갑니다

그니의 너머

잃어버린 길에
한 여인
서 있습니다

저 멀리 임 찾아
돌고 돌아
울고 있는 그니

물길 따라 소원 빌며
내 마음 불 날리고
고개 들어 저 멀리
나도 따라갑니다

비바람 넘어서
물길 안고
빈 가슴으로

야시장

화려한 불빛
사람따라
걸어갑니다

이리 돌고
저리 돌고
불나비처럼

요리저리
이것저것
보고
또
만져보고

살까 말까
계산 뽑아봅니다
어제도
오늘도
같은 마음으로
살아갑니다

당신을 사랑합니다

꽃향기 묻어 스쳐가는 봄날
당신을 만났습니다
한 송이 여린 꽃처럼

눈 내리는 오후
마음 태웠던 그때 그 일
눈물 흘렸던
아픈 맘 밤새 잠재웠던
당신의 하얀 모습
그 시간들이 생각납니다

차가운 거리를 달려갔던
그리고 서로 몸을 웅크린 나날을
때로는 아무것도 아닌 일로 마음 상하게 할 때
그럴 때마다 묻어 온 당신의 멍에를

함께하기에
함께 간다면 어디든지 갈 수 있다고
함께 가는 길이
가장 행복한 일이라 생각하기 때문입니다

이제

서로 사랑하고
작지만 서로 소중한 사람이 되는
그래서 아름다운 인생을
살기를

당신을 바라봅니다

신새벽의 여유

하잖한 하루
커피 한 잔에
마음이 녹아갑니다

Music
그리고
행복
사랑
사람이
사람이
사람이 다가옵니다

오늘도 봄술처럼 녹아갑니다

할머니의 뒷방

천년 설움 돌담 사이로
바람이 불어옵니다
아무도 가지 않은
허무한

가만히 누워
옆을 보아도
아무도 없습니다

할머니의 거친 손짓
향불 너머 재잘재잘
가지 말라고
골진 뒷방에 불이 꺼져간다

링거에 살아가는

허연 얼굴
거센 핏방울

고목나무에 걸린
한 마리 나비처럼
바람도 없는 할미처럼

허연 이빨 드러내고
그냥 걸어갑니다

쪼구려 앉아
크게 뜨고
더 깊게 내쉽니다

엉클러진 서푼 마음
날개 접어 내려갑니다

먹으야지

누가 밥을 먹지 말라고 했냐
밥을 먹으야지

이리 보고
저리 보고
눈치 보고 말고

밥은 먹으야지

이놈도 옳고
저놈도 옳고
눈치 보지 말고

밥은 먹으야지

아기의 낮잠

작은 오솔 길
기대어
잠을 잡니다

엄마 길 따라
얼음배 타고
그리운 사람 만나러

넘어지고
또 넘어져도
다시 일어나

둑방 너머 숲속 이야기
도란도란
잠이 듭니다

제 생긴 그대로 살다보면

아직도 잠 못 이루는 그대는 누구인가
밤새 창 두드려 깨우는 이
빈 가슴 짓밟아 내려놓고

밤 늦도록 몰고 온
젖은 몸뚱이들
후미진 모퉁이에 누워
허연 눈으로 뚱딴짓소리

개발 같은 파라나이스(paradise)는 아니어도
갓맑은 마음
제 생긴 그대로 살다보면
눈부시게 꽃피어
난춤 추는 날이 오지 않겠는가

산다는 건

누가
힘들게
올라 가나요

무얼 찾아
무얼 보러
무얼 얻으러
올라 가나요

올라가면
내려와야 하는데
그래도
살아가는 것은

오늘따라
하늘이
참
푸릅니다

사랑은 마음으로

어디 아프니
힘 내야지

가슴 열고
사랑안고

우리
손뼉치자
기쁜 마음으로

하이파이브

움추린 마음
바람처럼 지나산나

예쁜 것은 아무나 되는 것이 아니다

여기서 말씀하면 안 되나요

너는
한마디만 하면 토를 달지
이유가 있나

매번 얘기해야 하나요
딱 보면
아무말 없어도
알 수 있지 않아요

나불나불

기분 나쁜 것
그래도 되나
왜요
갑자기
생각이 난다
예쁜 것은
아무나 되는 것이 아니다

시든 꽃

어-엉
까먹었네

너답다
기억은 잠시 머무는 것
잊어도 돼

마당에 놓인 시든 꽃
향불 아래 마음 던지고 있습니다

헛된 미소
빌고
또
빌었습니다

검푸른 하늘을 바라봅니다

북망산 가는 길

가도
가도
보이지 않는 저 너머에

무거운 짐 내려놓고
언젠가
나도 가야하는 그 곳

물어 물어
찾아갑니다.
너도 나도 가야하는
그곳으로

요단강 건너
저 너머로
혼 찾아
불 밝혀 찾아갑니다

늑대같이 살다가

오래동안 지워졌던 그때가
생채기 안고 힘차게 달려가던 그곳에
난간에 피웠던 멧덩이 이야기
주저리주저리 담아

늑대같이 살다가

늘그막
기억의 저편에
엉덩이 앉은 날도 없는
초라하고
보잘것 없는 그날이 오면
강가에 서서 하늘을 바라보겠습니다

그리고
마음껏
산소리 내어
그곳에 달려가고 싶습니다.
그때처럼

헛발질

야,
임-마
가슴 밑바닥 응어리
소리칩니다
날카로운 눈빛
돌아섭니다
아무일 없듯이

나만 남아
쓸데없이
화도 풀리지 않으면서
헛발질 크게 합니다

어메의 소풍길

어릴 적
사진 한 장

풀잎 하나 물고
나무에 기대어
머언 하늘

엄마와 함께 찍은
머무는 미소

빛바랜
그 곳
어메 미소 찾으러
꿈길 달려간다

나는 늙은이입니다

보아도 보이지 않고
들려도 들리지 않는
사랑도 없고
욕심도 없는
나는 물기 빠진 늙은이입니다

그러나 말을 하지 않아도 알 수 있습니다
그들의 표정만 보아도
그들의 몸짓만 보아도
그들의 말투만 들어도
그들의 의미를 알 수 있습니다 나는

누가 나를 알아주는지
누가 나를 좋아하는지
누가 나에게 손을 잡아 주는지
알고 있습니다
항상 걱정이 많은
항상 생각이 많은
항상 마음이 아픈
나는 늙은이입니다

실눈 작게

귀 막고
입 닫은
웅크린
늙은이입니다 나는

하지만
이젠
그것도 그만 두렵니다

나는 늙은 사람입니다

| 해설 |

하늘 바래기, 그 늦깎이 시인
― 김철호 시인 첫 시집 발간에 부쳐

강병철(소설가)

　글쟁이들 세계에는 다양한 캐릭터의 군상들이 포진해있다. 숨어서 쓰는 사람도 있고 기라성 같은 명망가가 되어 일거수일투족 카메라 플래시의 감시망 속에서 살기도 한다. 이태백처럼 방탕에 쩔어 양쯔강에 빠진 달을 조우하겠다고 풍덩 뛰어들기도 했고, 두보처럼 멀리 떨어진 젊은 아내 떠올리며 훌쩍훌쩍 우는 서정파, 두 눈 부릅뜬 혁명 전사, 길바닥 어디쯤 눕는 곳이 잠자리가 되는 짚시족 혹은 아나키스트, 그리고 깔끔한 다리미질 복장이라야 비로소 외출이 가능한 댄디 시인도 있다. 그러면 환갑 진갑 다 지나 첫 시집을 상재하는 김철호 시인은 과연 어떤 부류일까? 내가 볼 때 그는 혼자 은둔한 채 글을 쓰는 딸각발이 선비가 아닐까, 감히 분류해본다.

그는 내륙 태생이다. 전형적인 농촌마을 부용골에서 공무원의 2남3녀 중 둘째로 태어났으니 경제적으로는 평범했던 셈이다. 말수가 적으면서 총기있는 유년을 보냈고 동화책에 빠진 소년기까지 문학 소년의 전형적 성장 스토리이다. 평탄한 유년기였으나 위기도 있었다. 장맛비에 또랑의 물이 넘쳐 문지방을 넘어 난리가 터져 자다가 벌떡 일어난 적도 있다. 장롱 위로 물건 올리랴, 옷과 살림살이를 건지면서 온가족이 울멍울멍 물을 퍼내기도 했다. 마침내 살림살이가 둥둥 떠 불어터지던 사연이니 그게 만만찮은 시적 자양분이 된다.

아뢰오를 아니오로 말했던 그 놈이
공차기에 신이 났던 운동장이
연탄불 아래 해 가는 줄 모르고
닳아버린 손톱 안고
주름살 깊어가네
 ―「어머니의 하루」 부분

유년의 병정놀이 풍경이 아스라하다. 당연히 졸개가 왕에게 굽신대는 코스지만 놀이의 특징은 왕과 졸개의 역할이 수시로 바뀐다는 점이 현실과 다르다. 그때 졸개 역할의 어느 소년이 왕 앞에서 콧방울 터뜨리며 '아뢰오' 대신 '아니오'라고 말했다는 짧은 삽화, 그 기억도 반세기가 훌쩍 지났다. 어머니는 저무는 울타리 너머 깔깔대는 악동들의 소리를 품으며 모처럼 웃음꽃으로 쌀을 닦고 아궁이를 지핀다. 알싸하다. 사춘기가 된 아들은 과묵한 범생이로 변신하더니, 어느새.

비둘기호에 몸을 싣고 영동에서 대전역까지 달리는 열차 통학 고교생으로 몸을 옮긴다. 변성기가 지나며 코밑수염도 거무티티 돋아났고 키도 미루나무처럼 훌쩍 컸다. 그 후 모친은 '정읍사'의 그미처럼 망망 기다린다. 저물녘쯤 고단한 하굣길 아들 모습을 행여 놓칠세라 문밖에서 하얗게 서성이며 땅거미 받는 것이다. 그렇게 세월이 빛의 속도로 흐르고 손닿을 듯 지척이던 기억들이 까마득히 멀어지면서 그의 세월도 옛 부모의 연륜을 훌쩍 뛰어넘었다. 나중 이야기지만, 길에서 만난 초등학교 은사가 그를 불러 모교의 사열대에 세우고 '자랑스런 선배'라고 소개했던 후일담도 있다.

장항행
비둘기 열차
다시 비포장 도로
목적지에 도착

개나리꽃 향기 콧날 스치는 봄
미선이, 유화 그리고 은주
때 묻지 않은 소녀들
하얀 미소로 만났습니다
─「그때 그 아이들」 부분

1981년 육군 중위로 제대하자마자 충남 보령의 면단위 어디쯤 주산중학교로 첫 부임을 한다. 그렇게 자전거에 도시락 매달고 페달을 밟던 논두렁길 청년교사로 부임한다. 그리고 첫 월급을 탔고 교단에 푹 빠진다. 보리밭 사춘기들은 눈썹에 이슬 매단 채 이른 봄 벌판 지나 등굣길 서둘렀다가 저무는 황혼으로 저녁놀 담는다. 초짜 교사의 몸짓 하나 놓치지 않는 소녀들의 눈빛이 양지바른 언덕처럼 따뜻해서 몸이 울컥 뜨거워진다. 그랬다. 아이들을 만난 것이다. 하숙방에 누워 천장을 바라보면 출석부에 적힌 이름자들이 하나씩 떠오른다. 스스로의 그늘은 정작 접어둔 채 더 그늘진 이웃들의 구들장 위해 장작불 지펴주던 소녀들이 주마등처럼 나타난다. 마을 아래에 더 작은 마을로 옹기종기 모이자는 아가위 눈빛들이 미래의 희망이요 그의 전부가 되었다. 시대가 아플수록 젊은 스승의 가슴은 두근거린다. 그렇게 자신만이 타법으로 난세를 돌파하면서 착한 공동체의 수렴을 떠올렸다.

방에
아무도 없다

창가에
거미 한 마리
줄타기 하고

냉장고
한쪽 구석
쪼그려 앉아
힘없이

엿장수 엿치는 소리

유리창 밖 아이들
잃어버린 옛 그림자

지는 둥 마는 둥
하얀 머리
무거워집니다
-「빈 방」 전문

외롭다. 그리고 순백의 고독에 빠지려는 식물성 사내 하나가 하염없이 웅크려있다. 누군가가 스크린에 분탕질 흩뿌리면 그 혼자 설레설레 닦아내며 엽록소 추려내어 선반 위에 정리할 게 틀림없다. 세상이 지축으로 흔들려도 자신만의 세계를 따로 꿍치려는 그게 시인의 세계이다. 깊은 시름은 잠시 내려놓고 가다가 지치면 쉬어가고 싶다. 놓치는 것도 많다. 이무기의 한 맺힌 욕망도 못 이룬 사랑처럼 그렇게 묻어두고 가는 것이다. 더 고요하고 더 처절하게 외면당하고 싶다. '군고구마 익는 늦가을도/ 잠시 숨을 멈춘다(장태산 길목)' 초가지붕 한 쪽에 일렬종대로 늘어선 시래기를 만났으니 또 하나의 문장이 나올 판이다. 재래시장 아낙네의 긴 목청도 메모해놨으니 이제 가지치기로 알맹이 뽑는 일만 남았다.

흩날리는 눈보라에 둘러 앉아
잔설(殘雪)처럼
부드러운 사람살이 이야기
눈꽃에 취해

하루가 지나갑니다
그보다
살그머니

당신에 취해
한참동안
나는 행복합니다
- 「살그래 행복」 부분

  시인의 도수 높은 안경과 땀냄새 배인 서재가 어울리는 조화다. 겨울 그리고 흩날리던 눈발, 조청에 가래떡 찍어먹다 바라본 바깥 풍경은 순백색 그대로다. 구천의 누군가가 하얀 색 뺑끼통을 엎질렀거나 모두들 잠든 틈새에 백색 종이로 도배해놓은 게 틀림없다. '그보다 /살그머니'라고 두 줄로 갈라놓은 것은 행간을 남기기 위한 배려이다. 그래서일까, 그는 철저하게 행간을 고수한다, 군더더기 단어들을 깡그리 잘라내고 여백을 확보해야 비로소 마음이 놓인다. 나친기기다. 감동의 공유도 같은 색깔들끼리 더 강할 것이다.
  그렇다. 시인의 그 결벽증은 칼날 같은 장점이자 서리맞은 야채처럼 한계가 되기도 한다. 방탕한 술 방석도 없고 울분의 주먹질도 보이지 않으며 그 흔한 스킨십도 전무하다. 그렇게 낭만성과 교훈성의 경계를 아슬아슬 줄타기하는 대신 내면의 호소로 메시지를 전한다. '소리나지 않는다고 침묵하는 것은 아닙니다/ 보이지 않는다고 없는 것은 아닙니다(그대 떠나가도)'처럼 단호한 표정을 보여줄 때도 있다. 또 있다. '혼자 하늘을 바라보는 것보다 함께 서서 보는 것이 아름답다'고 한다. 그러다가 마침내 '울면서 보는 것이 더 아름답다고 토로한다(누워서 하늘 바라보는)'. 사랑이 깊으면 미움이 생길 것을 미리 저어하기 때문이니 그 소심증이 시인만의 깊은 힘이요 '모가지 타들어가는 아픔이다(가마우지의 슬픔).' '치밀어 오르는 그날/ 취한 못난이 그릏(비나리)' 같은 문장을 생산하는 이유다.

   산새 한 마리
   하늘 날고

   아기 바람
   꽃길 따라
   나뭇잎 한 장
   산책 한다

   흐르는 강물
   환한 미소 띄워

   정적(靜寂) 맴도는
   깊은 산골
   밤이 깊어간다
   — 「가을이 오면」 전문

그가 머무르던 느티나무 고목 아래로 밀짚방석 한 장이 깔려있다. 그리고 정적(靜寂)이다. 인적은 사라지고 아까부터 고추잠자리 때만 유빙처럼 날아다닌다. 뭉게구름 사이로 보이는 푸른 하늘, 막걸리 한 사발과 동치미 국물, 자전거 타고 비포장도로를 달리던 우편배달부의 페달소리……그 속에서 책을 읽고 행간의 감동을 담고 메모지에 글을 쓰고 싶은 것이다. 여전히 고즈넉하다.

  사랑하는 벗이 떠나도 적극적으로 막아내지 못하고 저 편 둥지에 몸을 기댈 뿐이다. 새벽을 기다리다 보니 마른 입술 사이로 별들이 떨어진다(이별)'. 윤동주의 「자화상」이 오버랩된다. 기왕지사 '이상이 크고 사랑이 깊은' 술잔을 들길 바랄 뿐이다(해당화). 피붙이도 마찬가지다. 가만히 누워 옆을 보아도 아무도 없다(할머니의 뒷방). 그저 골진 뒷방에서 향불 태우며 가지 말라고 속을 태우는 것이다. 그래서 할머니는 고목나무에 걸린 한 마리 나비가 되었고 시인 혼자 쪼그리고 앉아 하염없이 응시하는 것이다. 진한 풍경화 한 폭이 그렇게 찰싹 달라붙어있다.

  흔들리는 오후
  창 너머
  파아란 하늘

  저녁 연기 자욱한 부용골 떠나
  고목에 달 잡아
  걸어놓고

  주위에 신기가 감돌아
  정화수 복빌던
  동구 밖 언덕 뛰놀던

그 길

소박한 마음
허공에 띄우고
아련한 꽃모습 달려간다
-「고향길」 전문

  그는 하필 이순(耳順)이 지나도록 유토피아를 꿈꾸는 것일까. 소년 시절 도화지에 그려내던 울타리를 놓치고 싶지 않은 것일까. 그랬다. 아침에 눈을 뜨면 바흐찐과 릴케를 만나고 싶고 깊은 밤에는 노자와 루카치의 그물에 파묻히고 싶다. 그러나 세상은 어느 결벽증 선비의 사유를 너그럽게 안아줄 만큼 착하지 않다. 눈을 뜨면 없다. 선명하게 없다. 시험문제를 출제해야 하고 여전히 밀린 공문서를 작성해야 한다. 그가 가르치는 중딩들은 쓰레기통 하나 비울 줄 모르는데 마침 스문비족 하나가 기브스했다고 연락이 온다. 그러거나 말거나 시를 쓰고 문장을 다듬어야 감성을 놓치지 않는다. 끊임없이 나뭇단 틈새를 비집고 '무에서 유'를 생산하는 기회 포착이 없으면 글을 쓸 수 없다. 그게 시인의 눈이요 업이다. 그러니까 돼지감자에서 올곧음을 찾아내는 거고 저녁놀에 시인의 감정을 이입시키는 시도에 빠지는 중이다.
  눈 내리는 황혼의 주막에서 바깥 풍경을 하염없이 바라본다. '오는 길은 손 닿을 듯 가까운데/ 가는 길은 구름처럼 허허롭다(당신이 참 좋다)'. 아름답게 살고 싶은 것이다. 꾸미지 않은 순수한 벗을 만나 사랑을 주고 싶다(하늘바래기). 꽃비가 내리면 그대와 함께 그 길을 따라가고 싶지만 뒤돌아보면 아무도 없다. 그 쓸쓸함

이 시인의 모티브가 된다.

  골개물
  굽이굽이
  물줄기 올라
  가루비 내려
  사랑주고

  길마중 나온 그니
  따라오라고
  함께 가자고
  구름밭치
  그 여인
  꽃눈개비처럼
  가만한 바람
  너울춤 짓고

  어제

  작은 만남
  도래샘 되어
  길게
  흘러가고 있습니다

  말없이 다솜처럼

— 「꽃눈개비처럼」 전문

　음주와 흡연 공간을 저어하지 않으니 그나마 다행이다. 음주 문화에 한쪽 다리 걸친 문청의 시절 있었으니 취한 벗들이 순백의 사내에게 거침없이 다가오는 이유다. 70년대 중반 갓 스무 살을 넘길 때쯤 1년 선배 도종환 시인을 발치 너머로 떠올리기도 했고 동기생 장문석 시인 등과 어울려 미호천 건너편에서 술을 마시다가 통금이 다가오면 재빨리 다리 건너 통금 없는 도청 소재지의 보호막으로 들어가기도 했다. 그러나 술에 쩔어 고꾸라져도 막상 술상을 엎는 객기는 보이지 않는다. 기껏해야 바지 벗던 자세 그대로 낙엽처럼 쓰러져 새벽을 맞이하더라고, 그의 아내가 전하더란다.

　찌그러진 공간
　끈끈하게 짓눌러오는
　시지프스의 굴레

　오시는 걸음 힘겨워
　작은 울타리 친다

　그래도
　아련하게 넘어오는
　어린 시절 웃음 띤 기억
　물안개 살며시

살찐 마음만
보듬어
녹아내린다
―「시지프스의 굴레」 전문

그러니까 그의 수채화는 조선 후기 민초들의 곡절을 토로하는 사설시조가 아니라 귀양살이 양반들의 음유시인 타법이다. 일단 삐까번쩍하는 권력과 부를 차단한다. 낮에는 개울가에 던진 그물망 걷은 다음 개다리소반에 막걸리 한 잔이 필요하다. 저물녘에는 대청마루에서 모시적삼 걸치고 부채질하는 선비의 풍모다. 누워서 책을 보지만 대개 양반다리로 집중해야 마음이 놓인다. 그러나 몸은 낮춘다. 더 낮은 곳을 향하여 시인의 몸값을 끊임없이 낮춰야 진솔한 문학이 생산된다.

이제 그는 교단 말년을 보내며 지난 세월을 반추하는 중이다. 화려하진 않았지만 단아하게 잘 살았다. 질풍노도의 중딩들도 '늙은 아비'의 가슴으로 후더하게 품는 중이다. 오늘도 점심을 끝내고 교무실의 노장파 권병채, 진현찬, 나원준 스승 등과 운동장 한 바퀴 돌았다. 타종 울리기 직전 담벼락 옆댕이 G.S에서 1200원짜리 아메리카노 한 잔씩 마실 때가 가장 편안하다. 그러다가 문득 긴 세월 쌓아올린 시집 출간을 문득 떠올린 것이다.

첫 키스 같은 첫 시집.
늦깎이로 상재하는 그에게 당돌하게 묻는다. 시인이여, 이제 마지막 결단 하나만 남았다. 지금처럼 흘러간 논두렁 수채화 속에서 여전히 수액 채취에만 몰입할 것인가? 아니면 새로운 초로의 열정으로 저 흉흉한 문단의 수렁에 맞서 용암 분출에 도전할 것인가?